LA VIE
ET LES MIRACLES

DE

SAINT JULIEN,

PATRON DE LA VILLE DE BRIOUDE,

ET DE

SAINT FERRÉOL,

MARTYRS, COMPAGNONS;

Où on a joint la Vie et les Miracles de Saint ILPISE, Martyr, et de Saint ARCONS, Confesseur, son compagnon.

Vive diù secura tuis, BRIVATA, Patronis;
Vicit uterque solo, regnat uterque polo.

Se trouve,
A BRIOUDE,
Chez P.-R.-J. DOUCET, Imprimeur-Libraire.

LA VIE

ET LES MIRACLES

DU GLORIEUX MARTYR

SAINT JULIEN,

PATRON DE LA VILLE DE BRIOUDE.

AU commencement du quatrième siècle, la persecution ayant été déclarée contre les Chrétiens sous l'empire de Dioclétien et de Maximien, ce fut comme un déluge de sang qui inonda tout l'univers. Le monde n'avoit pas encore été épuisé par toutes les guerres aussi violemment qu'il le fut par celles que ces Empereurs impies déclarèrent aux Chrétiens. Cette dixième fut encore plus sanglante que n'avoient été les neuf précédentes ensemble ; et on assure qu'il y eut plus de 144000 martyrs en moins d'un an, et 700000 bannis pour la même cause. Ce fut dans ce temps même de la plus horrible persécution, que Dieu fit éclater un des plus grands exemples de bravoure.

Il y avoit à Vienne un jeune homme de famille très-illustre, nommé JULIEN ; ses parens, qui étoient des plus considérables de la ville, se distinguoient encore plus par leurs vertus que par leurs biens. Ils eurent grand soin de l'éducation de leur fils, l'élevant dans la piété, et soutenant surtout leurs instructions par leurs bons exemples. Aussi eurent-ils la consolation de voir que les grands principes de religion qu'ils lui donnèrent, et les belles leçons qu'il en reçut, eurent tous leurs effets. Sa modestie et son respect pour ses parens, son assiduité à prier, son attention à la lecture de l'Evangile, sa docilité, sa douceur, sa tendre dévotion dans ce premier âge où il employoit le temps destiné au divertissement, à considérer l'intrépidité avec laquelle les généreux confesseurs de JÉSUS-CHRIST marchoient aux supplices, furent des présages de son grand courage. *Greg. Turon. lib.* 2. *mirac. c.* 2.

Notre Saint se sentant embrasé du feu du divin amour, et pour s'unir plus étroitement à Dieu, fit connoissance avec le tribun Ferréol, Auvergnat, aussi ardent en charité et aussi noble de cœur et de sang que lui, pour qui imiteroit mieux, sous l'habit militaire, les vertus des saints : ils se rangèrent, comme leur qualité et leur rang les obligeoient à se vouer au service de leur prince, sous les drapeaux de Crespin, président en la ville de Vienne, pour les empereurs Dioclétien et Maximien, l'an 303. Lorsqu'ils commençoient à se distinguer, tant par leur courage et leur fidélité, que par leur vertu, que les païens même étoient obligés d'admirer comme un prodige, la dixième persécution commença à éclater, et menaçoit déjà que si elle n'abolissoit point entièrement le nom de Chrétien, du moins elle l'affoibliroit beaucoup. Les empereurs, par leurs édits réitérés, ne contraignoient pas seulement les Chrétiens à sacrifier aux idoles, mais encore l'impie Dioclétien ordonna, sous de grandes peines, qu'on attribueroit les honneurs divins à Sa Majesté impériale, et se fit appeler Jovius, afin que, persuadant à ses sujets qu'il étoit fils de Jupiter, ils ne doutassent plus de lui rendre les honneurs que les Dieux seuls méritoient ; et n'étant pas content qu'on lui donnât de l'encens, il se faisoit baiser les pieds et les mains. *Euseb. in Chronolog. ann. 286; Gault. in Tab. Chronolog. pag. 47, in Diocletiano ; Baronius, ann. 286.*

Saint Ferréol, qui voyoit le cœur de son compagnon Julien porté à souffrir plutôt mille supplices, que de s'abandonner à de telles impiétés, ne pouvoit voir sans horreur les supplices qu'on faisoit souffrir aux Chrétiens, pour ne vouloir rendre à un mortel les honneurs d'un immortel. Il en parloit à découvert ; et déjà le président le soupçonnoit d'être Chrétien, comme si cet auguste nom eût été un grand crime. Les paiens cherchoient soigneusement tous les moyens pour les contraindre, ou à donner de l'encens aux Dieux, ou à leur faire souffrir les plus horribles tourmens que l'enfer, joint à la malice des hommes, ait pu inventer pour arrêter le cours de la victoire de Jésus-Christ. Saint Ferréol lui conseilla et le pressa de se retirer pour quelque temps de Vienne, afin de se conserver pour la consolation des Fidèles, selon que notre Seigneur l'avoit ordonné à ses disciples, parce qu'ils l'avoient lu ensemble dans l'Evangile, leur disant : S'ils vous poursuivent en une ville, fuyez en l'autre : *Si vos persecuti fuerint in hâc urbe, fugite in aliam ;* et lui remontra qu'il étoit bien nécessaire de subir le martyre quand la cause de Dieu le requéroit, mais qu'il ne falloit pas s'y exposer à la volée, d'autant que ce seroit plutôt témérité que courage. *Greg. Tur. l. 2. mir.*

Saint Julien écouta l'avertissement qu'on lui

donnoit, ne doutant pas que ce ne fût Dieu qui se
servit de son compagnon pour l'instruire de ses
volontés. S'étant tendrement embrassés, en s'en-
courageant mutuellement à plutôt souffrir mille
supplices que de renoncer à leur foi, ils se séparèrent
avec grand regret. Saint Julien, conduit par la Providence divine, se retira à Brioude, dans un faubourg qu'on appeloit alors Vincella, et présentement saint Ferréol, chez deux saintes filles.

A peine étoit-il parti de Vienne, que Crespin,
cet impie exécuteur des sanglans édits que les empereurs prononçoient contre les Chrétiens, ayant
eu vent de son départ, le fit suivre en diligence. Le
Saint étant averti qu'on le cherchoit partout, jugea
que ce seroit un évident témoignage de lâcheté,
une grande injure faite à Dieu, si un soldat Chrétien ne montroit point son courage au besoin ; et
quoique les fidèles qui l'avoient reçu dans leur ville
avec tant d'applaudissemens, fissent tous leurs ef-
forts pour ne le pas produire, ils ne surent si bien
faire qu'il ne s'exposât librement à la mort. Étant
sorti de la ville, il trouva ses bourreaux, et leur
ayant dit : Qui cherchez-vous ? ils répondirent:
Julien. Voici ce même Julien que vous cherchez,
répartit notre Saint ; le voici prêt à souffrir les supplices les plus cruels que votre barbarie vous sug-
gérera, plutôt que de renoncer à Jésus-Christ pour
adorer des idoles, le vil ouvrage de vos mains ; ne
donnez pas de trève à mon corps ; couvrez-le de
plaies, déchirez-lui les côtés, ravissez-lui la vie à
force de tourmens ; aussi son âme ne peut plus
faire son séjour en terre : *Quia sitio Christum tota
animi aviditate* ; elle ne désire rien tant que la présence de son Jésus, qu'elle confesse et reconnoît
pour le vrai Dieu de l'univers. Cela dit, il se pros-

terne en terre, dresse son oraison à Dieu, lui demande pardon de ses fautes, prie pour ses bourreaux, se recommande à sa bonté, et tend joyeusement la tête, qu'on lui tranche d'un coup, qui, lui coupant le gosier, alla finir au haut de la tête.

Ces bourreaux, plus farouches que des lions, n'ayant pas encore assouvi leur rage, prennent cette sacrée tête toute pourprée de son sang, la lavent dans la fontaine qui coule tout auprès du lieu où elle fut coupée, et l'apportent à Vienne pour la montrer à son compagnon saint Ferréol, afin qu'il ne doutât point de sa mort, et qu'il se disposât à un semblable supplice, s'il ne vouloit fléchir le genou et offrir de l'encens aux Dieux. On se saisit de lui, et on le traîna devant le président, qui, après plusieurs menaces, lui dit en colère : Je te commande, de l'autorité des empereurs, de rendre l'hommage que tu dois aux Dieux, qu'eux-mêmes reconnoissent pour leurs souverains, sinon il n'y a point de supplice dont je ne te fasse sentir la douleur. Saint Ferréol méprisant ses menaces, réplique hardiment, mais avec le respect qu'on doit à un président : Un Chrétien qui adore le vrai Dieu, Créateur du ciel et de la terre, peut-il rendre hommage à des idoles, le vil ouvrage de la main des hommes ? puis-je abandonner la Foi et la loi de JÉSUS-CHRIST, vrai Dieu et vrai homme, pour offrir de l'encens à des démons ? Que si les empereurs agréent mes services, qu'ils me laissent vivre dans ma religion, hors laquelle il n'y a point de salut ; mais s'ils veulent me forcer d'adorer leurs idoles, je me moquerai de leurs supplices. Le président voyant le mépris que ce brave capitaine faisoit de ses Dieux et de ses commandemens, le fait cruellement battre à coups de bâtons, le fait charger de chaînes, et le met dans

un profond cachot, d'où il se sauva miraculeusement au bout de deux jours, ses chaînes s'étant
rompues, et les portes de la prison s'étant ouvertes
pendant que les gardes dormoient. Etant sorti de la
ville, et ne sachant quel chemin prendre, il se mit
en prière pour savoir la volonté de Dieu, et traversa
le Rhône à la nage, pour faire voir à ces aveugles
que Dieu tire les siens de leurs mains quand bon
lui semble, et les leur remet quand il est expédient
pour sa gloire, ainsi qu'il permit que saint Ferréol
fût repris par ceux qui le poursuivoient, et ramené
au président, qui le fit cruellement déchirer à coups
de fonets; et voyant qne la douceur et la cruauté
ne pouvoient rien faire sur un cœur qui soupiroit
après la mort, lui fit trancher la tête. *Greg. loc.
cit.; Sidonius Appollin. lib. 7. epist. 1.*

Son corps fut enseveli avec la tête de saint Julien
dans un même tombeau, sur le rivage du Rhône,
hors la ville de Vienne, où l'on bâtit une Eglise à
son nom : mais comme la violence de ce fleuve eût
tellement miné les fondemens, que, du temps de
saint Marmert, archevêque de Vienne, environ
l'an 460, elle étoit sur le point d'être renversée
avec le saint sépulcre, par les fréquentes inonda-
tions de ce fleuve rapide, ce saint Prélat lui en fit
bâtir une autre tout auprès, où il transféra avec
honneur et pompe ces reliques sacrées, ayant trouvé
la tête de saint Julien entre les mains de saint Ferréol, l'un et l'autre aussi entiers et aussi frais que
le jour même qu'ils furent enterrés. Adon de
Vienne, après lui Belle-Forêt, dit que Vilicaire,
archevêque 39e. de cette ville, et homme d'une vie
fort recommandable, fit la seconde translation de
ces précieuses reliques à une autre Eglise qu'il leur
fit bâtir dans la Cité, après que les Sarrasins eurent

brûlé celle qui leur servoit de reliquaire, du temps
de Charles Martel, qui les tailla en pièces. *Turon.
cit. c. 2, Adonis Chron. aetate 6, ann.* 718.

Du temps que les Sarrasins ruinoient les Eglises
de la Basse-Auvergne, Vilicarius, archevêque de
Vienne, donna à Godin, prêtre d'une rare pro-
bité, la tête de saint Julien, et le bras de saint
Ferréol, qui est comme collé, pour les porter à
l'Eglise royale de Brioude, où ils sont pieusement
honorés tant des habitans de la ville que des étran-
gers qui y sont attirés par les fréquens miracles de
ce grand Saint.

Il faut présentement dire ici comment le corps
de saint Julien fut apporté par saint Ilpise et saint
Arcons, compagnons, dont nous rapporterons ici
leur vie ensemble, et les miracles qui leur sont
arrivés.

Il est facile de juger, par le discours que nous
allons tenir de ces deux Saints, qu'ils étoient d'Auvergne, puisqu'après l'avertissement de l'Ange
nous les voyons occupés à la sépulture du glorieux
martyr saint Julien, à Brioude, ville située sur
l'Allier, dans la basse Auvergne méridionale.
*Cette ville est fort ancienne et grande, avec di-
verses églises et divers monastères, et est située
dans un terroir fertile. Entre ces églises, celle
de saint Julien est la plus considérable, avec un
grand clocher et une belle horloge, et est occu-
pée par un très-beau chapitre, composé de quarante chanoines, qui sont seigneurs temporels et
comtes de Brioude, comme les chanoines de saint
Jean, de Lyon, sont comtes de Lyon. Le corps de
l'empereur Avitus, qui étoit Auvergnat, est en-
terré dans cette église, qui avoit été une abbaye:
on y mit ensuite des chanoines qui étoient che-*

valiers, que Guillaume Ier, dit le Pieux ou le Piteux, duc de Guienne et comte d'Auvergne, institua en 898, pour faire la guerre aux Normands qui ravageoient ce pays. Ce duc a été le premier qui établit une société de chevaliers pour la défense de la Foi. Cette église a beaucoup souffert de la part de Robert V, comte d'Auvergne, et de Guillaume, comte du Puy, qui en agirent avec tant de violence, que le Roi Louis VII, dit le Jeune, fut obligé de leur faire la guerre en 1162, et les fit prisonniers. Huges, évêque de Die, puis archevêque de Lyon, et légat du St.-Siége, assembla, l'an 1092, un concile à Brioude. Greg. Turon. lib. 2, 4, etc. seq.; Sidonius Appol. in carm., etc. Epist.; Justel. Hist. Avern.; Beli, hist. Pictonum.; Savar., etc.

Secondement, qu'ils étoient d'une extraction assez basse, puisque l'Ange les trouva à la garde de quelques troupeaux qu'ils paissoient dans le bois de Vincella et sur les coupeaux des montagnes.

Troisièmement, qu'ils étoient dans les ténèbres de l'idolâtrie, ou pour le plus catéchumènes, parce qu'étant avertis par l'Ange, et ayant vu le miracle qui arriva en leur personne, ils se procurèrent au plutôt le saint baptême; et c'est ici où nous devons admirer la miséricorde de Dieu, qui se rend si curieux de retirer les pécheurs de la servitude du péché, de les rendre à la liberté de la grâce par des voies qui n'appartiennent qu'à sa sainte providence. Ces bons vieillards étoient infidèles, mais innocens, près de leurs bêtes qu'ils paissoient dans les déserts, sans malice. Ils adoroient les fausses divinités, parce qu'ils ne connoissoient point le vrai Dieu : ils l'eussent si bien adoré et servi, s'ils eussent eu le bonheur de le connoître ! Dieu aussi, qui attend tout le monde à la conversion, excusoit leur ignorance, et avoit égard à leur bonne volonté : il voyoit leurs fausses adorations, mais innocentes ; et de cette innocence il tira le sujet de leurs conversions : il voulut se servir de leur personne en une affaire importante, qui leur servit de flambeau, pour leur faire voir l'aveuglement où ils avoient consommé tout le meilleur de leur âge, et la félicité de l'état à venir, où ils devoient mener une autre vie au nouveau de leurs ans.

Nous avons dit ci-devant que les bourreaux ayant tranché la tête à saint Julien, la portèrent à Vienne pour la montrer à saint Ferréol, afin de l'épouvanter, laissant son corps à la plaine de Brioude, privé de la sépulture, comme indigne d'une faveur qu'on ne refuse pas aux plus grands scélérats. Mais Dieu, qui ne voulut pas permettre qu'un corps qui avoit servi de logis à une si bel e âme, demeurât sur la terre exposé à la pâture des bêtes sauvages, ne se trouvant personne qui osât l'ensevelir, de peur d'être assassiné par les idolâtres, dépêcha son messager céleste vers ces bons vieillards, qui étoien près de leur troupeau, pour les avertir de s'en al ler promptement à Vincella prendre le corps de so fidèle soldat, qui avoit perdu la vie pour la défens de sa cause, et de le porter enterrer à Brioude. Ce bons vieillards, au commandement de l'Ange abandonnent leurs troupeaux à la conduite d Dieu, dans la campagne, vont en diligence à Vin cella, où, ayant trouvé cette sainte relique, ils fon une espèce de brancard, et ils ne l'ont pas plutô chargé sur leurs épaules, qu'ils sentirent cette fort constitution qui arriva en leur corps, dont les jeune hommes jouissent à l'âge de trente-cinq à quarant ans. Je vous laisse à penser si ces bons vieillards

ni vieux ni caduques, ne publièrent pas les gran-
deurs et les perfections de l'Auteur de l'univers,
en action de grâces de ce bienfait. Pendant qu'ils
portent légèrement cette sainte charge, les habitans de Brioude vont prendre à la porte de leur
ville ce saint trésor; ils reçoivent avec empresse-
ment ces deux vieillards, ces deux jeunes hommes,
dis-je; car de vieux qu'ils étoient, ils revinrent,
comme nous avons déjà dit, à l'âge de trente-cinq
à quarante ans, qui leur apportent une forteresse
contre la rage et la fureur de leurs ennemis : on
n'entend de tous côtés retentir que louanges,
qu'actions de grâces qu'on rend au Tout-Puissant.
Cependant ces deux bergers, plus émerveillés du
miracle qui venoit de s'opérer en eux, que des ac-
clamations de joie qu'ils entendoient de toute part
et des honneurs qu'on rendoient aux saintes reliques qu'ils apportoient, après les avoir enterrées
avec beaucoup d'honneur, publièrent le miracle
qui étoit arrivé en leur personne, en recompense
de la sépulture qu'ils venoient de donner à ce grand
serviteur de Jésus-Christ; protestant tout haut
qu'ils renonçoient au culte des idoles qu'ils avoient
professé malheureusement tout le temps de leur vie,
et reçurent en même temps le saint baptême. Ayant
rendu leurs troupeaux à qui ils appartenoient, ils
se dédièrent au service de Dieu, et firent leur séjour devant le saint tombeau, pour servir et instruire les pèlerins qui venoient en foule de tous
côtés au bruit de ce miracle, et des autres qui arrivoient à toute heure devant ces saintes reliques.
Greg. Turon. lib. mir., c. 1 et 4.

Ces deux Saints continuèrent quelque temps ces
pieux exercices, et véquirent comme des Anges;
et enfin saint Ilpise ayant résolu de se retirer dans

quelque solitude, pour servir Dieu avec plus de repos d'esprit, laissa saint Arcons à Brioude, où il employa le reste de ses jours au service et instruction des pélerins, et prit soin de conserver et orner la chapelle et le sépulcre du saint martyr ; il fit l'une et l'autre avec tant de charité envers le prochain, et avec tant de dévotion envers Dieu et son saint martyr, dont il racontoit les mérites et les miracles aux allans et venans, que tout le monde en étoit content et bien édifié. Il partit enfin de ce monde tout chargé d'années et de vertus, qui lui ont mérité le nom de Saint, et acquis la couronne de l'immortalité dans le séjour des bienheureux. La fête est le 4 février.

Pour ce qui est de saint Ilpise, depuis l'enterrement de saint Julien, il avoit distribué tous ses biens aux pauvres, et s'étoit exposé à donner la sépulture aux saints, que la rage des empereurs massacroit en haine de la foi catholique, pensant tous les jours aux moyens de faire sa retraite dans quelque solitude, pour chercher Dieu dans l'austérité de vie ; et enfin, avec le conseil de S. Arcons, avec qui il avoit passé une partie de renouvellement de leur âge, il se retira sur une montagne à deux lieues de Brioude, dont le rocher sert de borne à la rivière de l'Allier, et porte depuis plusieurs siècles le nom de Saint Ilpise. Il fit son logement dans une grott que la nature avoit bâtie sous ce rocher, où il men une vie si rigoureuse, qu'il seroit difficile de rap porter avec quel zèle il s'abandonnoit à toute sortes de bons et charitables exercices ; avec que excès de dévotion il passoit les nuits entières e oraison ; de quelle sobriété il assaisonnoit ses jeûnc ordinaires, pour affoiblir son corps et assujétir s chair aux lois de l'esprit ; avec quel soin il tâchoi

de multiplier les talens que Dieu lui avoit donnés ;
avec quelle crainte il se disposoit d'en rendre compte
en serviteur fidèle, quand il plairoit à Dieu de le
lui demander ; quelles œuvres de charité il exer-
çoit envers les pauvres villageois, ses voisins, qui
avoient tous recours à son assistance ; il les secou-
roit en leurs besoins, les consoloit en leurs afflic-
tions, les conseilloit en leurs affaires, les instrui-
soit aux mystères de la Foi, et les aidoit à bien vivre
et à bien mourir. Il mena ce genre de vie, suivi
d'un nombre infini de miracles, durant deux ans,
sous le rocher qui sert de plan au château de M. le
marquis de Langeac, et à l'Egl'se qui lui est dédiée
depuis plusieurs siècles, sous le nom de S. Ilpise.
Pendant qu'il faisoit là sa retraite avec beaucoup
de profit spirituel, l'ennemi du genre humain,
enragé de voir le culte de ses idoles en partie déra-
ciné de ce pays, et la Foi catholique déjà plantée
par toute la France, émut quelque nation idolâtre
du côté de l'Allemagne et de la Hongrie (ce sont
ceux qui furent défaits près de Langres par Cons-
tantin jusqu'au nombre de soixante mille), qui,
yant ravagé tout le reste du Royaume, se ruèrent
nfin dans la province d'Auvergne, renversant et
uinant les villes et les bourgs, massacrant par di-
ers supplices ceux qui faisoient profession de la
oi catholique, pour les contraindre, à force de
ourmens, d'adorer leurs idoles. S'étant logés un
our à un village voisin de la caverne du saint her-
ite, ils y entrèrent avec grande émotion, se sai-
irent de lui, le voulurent contraindre à rendre les
eubles et l'argent des villages dont ils le disoient
tre le seigneur et le maître, et l'accusèrent d'avoir
etiré dans son roc tous les trésors des villages voi-
ins. Ilpise leur fit entendre, avec la douceur d'un

agneau, qu'il avoit renoncé à tous les biens de la terre pour imiter la pauvreté de Jésus-Christ, et pour se rendre après sa mort possesseur des richesses célestes ; qu'il n'avoit jamais pensé de cacher celles de ses voisins dans sa cellule. Ces barbares, enragés de se voir frustrés de leurs espérances, et d'avoir ouï prononcer le nom adorable de Jésus-Christ, au mépris de leurs idoles, le mirent tout nu, lui attachèrent pieds et mains, le fouettèrent si rudement, que le sang ruisseloit en abondance de toutes les parties de son corps. Pendant que cette sainte victime demeuroit ferme et constante dans la profession de la Foi, ces esprits, plus cruels que les démons, voyant que la cruauté étoit vaincue par la force de ce courage, changèrent de batterie, commencèrent par le cajoler par de belles paroles, et s'efforcèrent de lui persuader tout doucement qu'il offrit de l'encens à leurs Dieux, qu'ils le guériroient sur le champ de ses plaies. Mais le saint, plus immobile que le rocher qu'il habite, et plus insensible aux coups que ne fut Anaxarque, qui, pendant qu'on le piloit dans des mortiers, se moquoit de ses bourreaux, réparti hardiment : Je suis serviteur de Jésus-Christ, qu est né d'une mère Vierge, qui a été crucifié pou racheter, par l'effusion de son sang, le genre hu main ; qui est ressuscité, est assis à la droite d' Dieu son Père, qui me fortifie jusqu'au point qu je ne crains ni vos menaces, ni vos tourmens ni vos Dieux, à qui je ne sacrifierai jamais : mai je crains ce Jésus, je l'adore et lui sacrifie mo corps et ma vie, parce qu'il est tout puissant et to adorable, au lieu que vos idoles sont des démons et ceux qui les adorent des fous. Ces infidèles s voyant hors d'esperance d'abattre ce cœur, le dé pouillent pour la seconde fois, le battent plus fu rieusement que devant, et décident de ne le pas tirer des tourmens s'il ne se dispose à sacrifier à leurs Dieux, ou plutôt de le laisser périr au milieu des supplices. Ils le traînent donc devant une idole qu'ils avoient préparée, dont le martyr courageux ne fit que se rire ; et dressant son cœur à Dieu, il lui dit plein de joie : *Je vous remercie mille fois, ô mon Dieu ! de ce que vous avez daigné éprouver aujourd'hui ma constance, et regarder votre serviteur de l'œil de votre miséricorde.* Disant ces paroles, un de la compagnie connoissant qu'il n'étoit pas disposé à sacrifier à l'idole, se rue contre lui et lui tranche la tête d'un coup d'épée. Son corps fut apporté à Brioude quelques jours après, et mis tout auprès de celui de saint Julien. On fait sa fête le 18 juin. *Euseb. in Chron.; Gault. in Tab. Chron. seculo 4.; Col. vult. p. 83, édit. 1re.*

Comme l'on sait qu'on ne pourroit insérer dans ce petit livre tous les miracles opérés par l'intercession de ce glorieux martyr saint Julien, d'un si grand nombre on se contente de rapporter les suivans, tirés de plusieurs historiens.

Il arriva plusieurs miracles du temps qu'on recevoit ce saint trésor dans la ville ; les estropiés, les veugles, les muets, les possédés recouvroient, yant fait leur prière, leur entière guérison. Une emme qui étoit retenue depuis long-temps dans le it par une griève maladie, et une autre par un flux e sang, venant d'apprendre les miracles qui s'opéoient par l'intercession de ce saint martyr, pleines e confiance, elles implorèrent le crédit qu'avoit e saint auprès de Dieu, et n'eurent pas fini leurs rières, qu'elles furent parfaitement guéries, et 'étant habillées, elles allèrent remercier le saint u'on alloit enterrer. *Greg. Turon.*

Quelques jours après, Anne de Poval, dame d'Auvergne, étant avertie que son mari étoit prisonnier à Trèves, et qu'étant condamné à mort par les juges de la ville, on attendoit le jour de l'exécution, elle s'en alla promptement devant le tombeau de saint Julien pour faire sa prière, et avec le conseil de saint Arcons et de saint Ilpise, elle fit vœu que, si Dieu le conservoit, elle feroit bâtir une petite église à son tombeau. Le vœu fait, elle part pour Trèves, trouve son mari mis en liberté, et qui avoit reçu sa grâce de l'Empereur depuis le jour et l'heure qu'elle fit son vœu. Ils vinrent joyeux à Brioude, firent leurs prières devant le saint sépulcre, et y firent bâtir la chapelle qu'ils avoient promise, où ils offrirent plusieurs beaux et riches présens en action de grâces d'un tel bienfait. *Greg. Turon. loc. cit. c.* 7.

Il y avoit près de l'Eglise que cette dame avoit fait bâtir, un grand temple où l'on adoroit les statues de Mars et de Mercure, sur une haute colonne de marbre enrichie de pierreries et de ciselure en or. Lorsque la noblesse, qui s'assembloit tous les mardis, étoit prête à donner de l'encens à ses idoles, deux jeunes hommes eurent dispute entre eux ; de sorte qu'un ayant sorti son épée, poursuivoit l'autre pour le tuer. Ce pauvre misérable, qui ne voyoit aucun moyen pour garantir sa vie, et qui imploroit inutilement le secours de ses Dieux, eu enfin recours à Jésus-Christ, et courut au sépulcr du saint martyr, ferme la porte en entrant. Celu qui le poursuivoit voulant enfoncer la porte par l force de ses mains, fut puni sur le champ ; car se mains demeurant attachés à la porte, lui causoien des douleurs insupportables ; tandis que l'autre après avoir fait sa prière au saint martyr, et de mandé pardon à Dieu, sort sans aucun mal. Les parens du jeune homme affligé prièrent le saint que, s'il délivroit leur enfant, ils lui offroient en récompense des présens dignes de lui. Sur ces entre-faites, un prêtre passant par cette rue, et ayant appris ce qui venoit d'arriver, promet aux parens que, s'ils renoncent au culte des idoles, ils rece-vront leur enfant sans aucun mal. La nuit suivante, ce prêtre vit en songe les idoles, adorées par cette noblesse, réduites en cendres par l'ordre de Dieu, qui l'avertissoit par ce songe que cette noblesse se convertiroit bientôt à lui. Le lendemain, lorsque la noblesse voulut donner, selon sa coutume, de l'encens à ses idoles, le prêtre va au sépulcre du saint, et fondant en larmes, le prie de retirer cette noblesse gémissante à l'ombre de l'idolâtrie, et de ne pas permettre que ses propres nourrissons soient retenus dans les ténèbres, tandis que lui jouit de la lumière éternelle. A sa prière, les tonnerres gron-dent, la foudre éclate, et une pluie abondante, mêlée de feu et de grêle, met tout en désordre : tout le monde court au sépulcre du saint ; la no-lesse se met à genou devant le prêtre, et, joignant les larmes aux cris, implore la miséricorde de Dieu, et promet au prêtre que si la tempête cesse, elle rendra le saint martyr pour son patron. Le prêtre se met en prière, et obtint tout ce qu'elle demandoit. a pluie cesse, le temps revient serein : le misé-rable, qui ressentoit les plus vives douleurs de ses mains, croyant en Dieu avec ses parens, fut d'abord guéri ; et la noblesse, se faisant baptiser au nom de la Très-Sainte Trinité, jette ses idoles, après les avoir brisées, dans le fleuve qui coule auprès de la ville : et ce fut en ce temps-là que la Foi catho-lique, bannissant entièrement de la ville le culte des idoles, commença à s'établir. *Ex lib. Greg. Turon.*

La renommée des merveilles que Dieu faisoit continuellement en ce lieu saint, s'étendit dans toutes les provinces voisines, de sorte que tout le monde accouroit pour être témoin oculaire de quelqu'un de ces prodiges. Un voleur se mêla dans la foule la veille de la fête du saint, et la nuit étant arrivée, le voile ordinaire de tous les brigandages, ayant volé un cheval, il prît la fuite; et après avoir couru toute la nuit, se croyant être à plus de dix lieues de là, il s'aperçut qu'il n'en étoit pas à un demi-quart. Voyant que son cheval ne vouloit pas avancer, il reconnut qu'il étoit arrêté par la main de Dieu; ayant remis le cheval où il l'avoit pris, il alla remercier le saint de ce qu'il l'avoit préservé d'être pris et puni comme un voleur. *Cap.* 18.

Jean Audeat avoit prêté de l'argent à son voisin, sous de gros intérêts, qui lui furent payés avec le principal. Un an après, ce créancier étant allé à la fête de saint Julien, rencontre son prétendu débiteur, lui demande ses deniers, que l'autre soutient lui avoir payés; le créancier, au contraire, proteste qu'il n'a jamais reçu un liard. Enfin le débiteur consent que si le créancier se veut remettre au jugement de Dieu, et qu'il jure sur le sépulcre du saint, puisqu'ils en sont si proches, il est prêt à le payer une seconde fois. Cet impie le prend au mot, s'approche du saint sépulcre, met la main dessus, et, en intention d'infecter l'air d'un parjure abominable, si la voix ne lui eût manqué, si la langue ne se fût collée au palais, si la bouche ne lui eût resté sans mouvement, et si les bras ne lui fussent venus aussi secs et immobiles qu'une buche; se voyant donc surpris de tous ces accidens, au milieu d'une

si grande assemblée, où tout le monde crioit au
parjure, il fut contraint de confesser son crime,
duquel demandant pardon à Dieu et au saint, dans
quelques heures après il fut remis en sa première
santé. *Greg. Turon. loc. cit. c. 19.*

Au commencement du sixième siècle, saint Gal,
qui, depuis ses tendres ans, avoit pris pour son
patron le bienheureux saint Julien, éprouva com-
bien ce martyr pouvoit auprès de Dieu; car il fut
guéri miraculeusement, par l'intercession de ce
grand saint, d'une grande plaie qu'un pieu lui avoit
faite au pied. En reconnoissance de ce bienfait,
ayant été élu évêque de Clermont, il institua à la
mi-carême des Rogations, où on alloit de Clermont
à saint Julien de Brioude, à pied, en psalmodiant.
Greg. mirac. l. 2. c. 23; Savaron. page 134.

Ce fut l'an de notre Seigneur mil trois cent
soixante-dix, que Charles, dauphin de Vienne, fils
unique de Charles, surnommé le Sage, se trouva
saisi d'une infirmité qui le priva de l'usage de ses
membres, et lui causa une enflure si horrible en
tout son corps, qu'on ne le pouvoit regarder sans
horreur; les médecins avoient désespéré de sa santé,
de sorte que le Roi son père, avec toute la cour,
fondoit en larmes, attendant de jour à autre la mort
du successeur de la couronne. Parmi ces troubles
et ces cris, un gentilhomme fit un beau discours en
la présence du Roi, sur les mérites et les miracles
de saint Julien, martyr, qui arrivoient continuellement devant son tombeau à Brioude, et ajouta
que si Sa Majesté lui recommandoit monseigneur
le Dauphin, en lui promettant d'envoyer visiter
son saint tombeau, avec quelques présens, il en rece-
vroit du soulagement. Le Roi, qui avoit un cœur
tout dévot, et qui se voyoit pressé par la nécessité,

goûta ce discours, et éleva aussitôt ses pensées vers le ciel, suppliant humblement la majesté divine qu'il lui plût, par les mérites et intercession du saint martyr, de vouloir rendre la santé à son fils, s'il jugeoit expédient pour sa plus grande gloire et pour le bien de la couronne de France, lui promettant d'envoyer visiter son sépulcre, avec un présent digne d'un Roi. Il n'eut pas fini sa prière et formé son vœu, que la santé fut rendue à l'enfant sans qu'il parût en tout son corps une seule marque d'une si violente maladie. On rend mille actions de grâce à la miséricorde divine ; on chante des psaumes et hymnes de louanges à son honneur et à celui du glorieux martyr saint Julien, à l'invocation duquel le successeur de la couronne est miraculeusement tiré des portes de la mort. On se dispose pour lui aller rendre grâce devant son tombeau ; on prépare un présent : ce fut un manteau pour son image, qui étoit déjà fait pour le Dauphin, avec un agréable mélange de couleurs qui font la pourpre des Rois, parsemé de pierres précieuses, de roses, de perles, de nœuds d'or, au nombre de quarante-deux, et un chapeau semé d'aigles, de dauphins et de fleurs de lis, enrichi de perles et de broderies, le tout envoyé de la part du Roi à l'église de Brioude, par Mgr Jean de Meilliou, évêque soixante-seizième de Clermont, qui y célébra solennellement la sainte messe, et mit le 22 juillet ces beaux paremens sur la sainte image. *Savaron. page* 212 ; *Vetus liber M. S. Ecclesi Brivatensis, c.* 1.

Les mains d'un laboureur, nommé Sequin, qui, par un grand mépris des commandemens de Dieu, travailloit le dimanche, lui séchèrent, et les doigts se plièrent si étroitement autour de l'instrument dont il se servoit, qu'il ne put le lâcher de deux ans, souffrant des douleurs insupportables, en punition de son crime, et pour servir d'exemple à ceux qui font si peu d'état de l'honneur qu'on doit aux Fêtes. On lui conseilla enfin d'aller faire sa prière à saint Julien de Brioude, pour obtenir de Dieu le pardon de ses péchés et la délivrance de la captivité, par l'intercession de ce saint martyr, où ayant veillé une nuit en prières devant son tombeau, ses bras reprirent leur première force, ses doigts se dénouèrent, et l'instrument lui tomba des mains, en présence de plusieurs personnes qui donnèrent mille louanges à Dieu et au saint martyr de ce miracle. *Cap.* 11. *M. S. Brivat.*; *Greg. Turon. loc. cit. c.* 11.

Un gentilhomme, nommé M. Delaval, qui avoit les mœurs corrompues, retînt par violence certaines choses qui appartenoient à l'église de Brioude, et se moquoit des Ecclésiastiques lorsqu'ils les lui demandoit. Il en porta bientôt la peine; car étant à la ville le jour de la fête de ce saint, pendant qu'il faisoit la débauche avec ses amis, la foudre tomba sur lui et le brûla sur la place au milieu de toute la compagnie, sans que personne en sentît autre incommodité, que l'étonnement dont ils furent de voir ce spectacle. *Greg. Turon. loc. cit. c.* 15.

Pierre Duranson, diacre de l'église de saint Julien, renonçant à son ordre, se rendit séculier, et prit la ferme d'un seigneur pour avoir plus de sujet et de commodité d'exercer ses concussions et amasser des richesses aux dépens de l'un et de l'autre. Entr'autres il prit de voie de fait les troupeaux de l'église, dont il avoit avant indignement reçu les revenus, disant à ceux qui l'en vouloient empêcher, que saint Julien n'avoit pas besoin de moutons, qu'il n'en mangeoit point; ajoutant à

cette impiété mille moqueries. Il en porta bientôt la
peine; car étant allé quelques jours après à l'église,
et voulant faire sa prière au tombeau du saint qu'il
avoit si cruellement offensé, il fut tout à coup saisi
d'une fièvre si ardente, qu'il ne lui fut pas possible
ni de se retirer, ni d'appeler quelqu'un à son secours. On le porta néanmoins dans une maison, où
le feu de la fièvre s'allumant de plus en plus en tout
son corps, il cria que saint Julien le brûloit, et
pria un de l'assemblée de lui jeter de l'eau à pleins
seaux; ce qu'ayant été fait, il rendit une fumée si
épaisse et si noire, et une puanteur si venimeuse,
qu'elle l'étouffa sur le champ, pendant que tout le
monde prit la fuite. *Greg. Turon. loc. cit. c. 17.*

La fontaine où les bourreaux lavèrent la tête de
saint Julien après sa mort, est encore en même état
à saint Ferréol, avec les pierres incarnates, ou plutôt sanglantes, à cause du sang de saint Julien
qu'elles touchèrent quand on y trempa sa tête. Son
eau est miraculeuse, et guérit de plusieurs maladies quand on en boit ou que l'on s'y trempe. *Greg.
Turon. loc. cit. c. 3.*

On auroit bien de la peine à rapporter ici les gué-
risons ordinaires qui arrivent, surtout du mal de
jambes, dans l'Eglise de saint Ferréol, au faubourg
de Brioude, servie anciennement par les révérends
Pères Minimes; ainsi que messires Nicolas Achar
et Jean Berger, prêtres, perclus de leurs membres,
et surtout des mains, y reçurent l'entière guérison,
y ayant fait leur neuvaine; et deux gentilhommes
qui, ayant vomi quelques paroles approchantes du
blasphème contre ce saint, avoient été saisis subi-
tement du même mal, avec des douleurs insupportables, dont ils ne purent être délivrés qu'en s'

faisant porter, pour en demander pardon à Dieu et faire amende honorable à saint Ferréol.

Soyons sans honte à reconnoître
JESUS pour notre divin Maître.

Cet abrégé est tiré de saint Grégoire de Tours, livre 2 des Miracles des Martyrs; de Pierre de Natal, liv. 7, chap. 131, et du liv. 8, chap. 9; de Vincent de Beauvais, tom. 1 du Miroir historial, liv. 24, chap. 31; de l'Histoire de Lombardie, chap. 30; le Martyrologe Romain, le Bréviaire de Clermont, de Pebrac, du Puy et de Mende, en parlent au 28 août et au 18 septembre; Baronius en ses notes sur le Martyrologe Romain, et M. S. de saint Julien de Brioude.

LITANIES

DE

SAINT JULIEN.

SEigneur, ayez pitié de nous.
Jésus-Christ, ayez pitié de nous.
Seigneur, ayez pitié de nous.
Jésus-Christ, écoutez-nous.
Jésus-Christ, exaucez-nous.
Père céleste, qui êtes Dieu, ayez pitié de nous.
Dieu le Fils, rédempteur du monde, ayez pitié de
 nous.
Saint-Esprit, qui êtes Dieu, ayez pitié de nous.
Sainte Trinité, qui êtes un seul Dieu, ayez piti'
 de nous.
Sainte Marie, priez pour nous.
Saint Julien, invincible athlète du vrai Dieu, prie
 pour nous.
Saint Julien, le martyr d'Auvergne, priez pour i
Saint Julien, qui êtes l'ornement de l'Auvergn
 priez pour nous.
Saint Julien, qui êtes la vénération et l'asile de
 votre voisinage,
Saint Julien, qui êtes le patron et le bienfaiteur
 de Brioude,
Saint Julien, qui êtes la gloire des citoyens de
 Brioude,
Saint Julien, protecteur du clergé qui vous est
 dévoué,
Saint Julien, qui êtes le refuge de vos cliens,
Saint Julien, consolateur des affligés,

Saint Julien, généreux soldat de Jésus-Christ,
Saint Julien, qui ouvrez le ciel aux infidèles,
Saint Julien, qui mettez en déroute les armées
   des ennemis de la croix,
Saint Julien, qui avez miraculeusement guéri
   un dauphin de France,
Saint Julien, destructeur des idoles,
Saint Julien, dompteur des superbes,
Saint Julien, la terreur des démons,
Saint Julien, qui délivrez ceux qui sont possé-
   dés,
Saint Julien, qui soulagez d'une manière parti-
   culière ceux qui languissent dans de longues
   maladies,
Saint Julien, inséparable ami de saint Ferréol,
Saint Julien, charitable médecin des frébricitans,
Saint Julien, qui êtes la gloire des martyrs,
Saint Julien, qui êtes la joie des peuples,
Saint Julien, vaillant héros de Jésus-Christ,
Saint Julien, qui êtes un holocauste de la pri-
   mitive Église,
Saint Julien, victime aussi douce qu'un agneau,
Saint Julien, qui humiliez les calomniateurs,
Saint Julien, qui éclairez divinement les aveu-
   gles,
Saint Julien, qui renouvelez la nature d'une ma-
   nière admirable,
Saint Julien, qui rendez la parole aux muets,
Saint Julien, qui soulagez ceux qui sont dans la
   langueur,
Saint Julien, généreux martyr,
Saint Julien, soldat intrépide,
Saint Julien, qui êtes le modèle et l'exemple des
   guerriers,
Saint Julien, qui avez expiré dans un horrible
   tourment pour Jésus-Christ,

Saint Julien, illustre parmi les enfans de Vienne,

Saint Julien, noble par votre naissance,

Saint Julien, plus noble par votre foi,

Saint Julien, qui êtes le modèle des nobles,

Saint Julien, dont la vie est féconde en miracles,

Saint Julien, qui avez libéralement récompensé ceux qui vous rendirent les devoirs funèbres,

Saint Julien, qui êtes le ferme appui de votre Eglise,

Saint Julien, qui êtes la guérison des pestiférés,

Saint Julien, qui êtes le secours de tous ceux qui vous réclament,

Saint Julien, souverain médecin des paralytiques,

Saint Julien, qui êtes la tête des serviteurs qui combattent sous vos auspices,

Saint Julien, le libérateur des captifs,

Saint Julien, qui punissez sévèrement les sacriléges,

Saint Julien, qui reçûtes une honorable sépulture par les mains de deux vieillards divinement inspirés,

Saint Julien, qui êtes l'espoir des agonisans,

Saint Julien, qui ouvrez les oreilles aux sourds,

Saint Julien, le défenseur des opprimés,

Saint Julien, qui êtes l'effroi des tyrans de l'Eglise,

Saint Julien, qui terrassez les ennemis de l'Eglise,

Saint Julien, redoutable vengeur du parjure,

Saint Julien, qui avez tiré des terribles vengeances de ceux qui pilloient votre Eglise,

Saint Julien, qui êtes la forteresse inexpugnable de votre ville,

Saint Julien, qui avez illustré votre entrée dans votre ville, par la guérison de tous ceux qui vous invoquoient,

Saint Julien, qui avez rajeuni deux vieillards en récompense des honneurs funèbres qu'ils vous rendirent, priez pour nous.

Saint Julien, qui êtes le charitable asile de la noblesse, priez pour nous.

Saint Julien, qui brûliez de zèle pour la Foi, priez pour nous.

Agneau de Dieu, qui effacez les péchés du monde, pardonnez-nous, Seigneur.

Agneau de Dieu, qui effacez les péchés du monde, exaucez-nous, Seigneur.

Agneau de Dieu, qui effacez les péchés du monde, ayez pitié de nous.

Jésus-Christ, ayez pitié de nous.

Seigneur, ayez pitié de nous.

℣. O glorieux saint Julien, priez pour nous ;

℟. Afin que nous soyons dignes des promesses de Jésus-Christ.

ORAISON,

SEigneur, soyez-nous propice par les mérites de votre glorieux martyr saint JULIEN, qui vous a confessé jusqu'à la dernière goutte de son sang ; et faites que, par son intercession, nous soyons préservés de toutes les adversités et accidens fâcheux qui pourroient nous arriver. Nous vous demandons cette grâce par les mérites de notre Seigneur Jésus-Christ, qui vit et règne avec vous dans l'unité du Saint-Esprit, pendant tous les siècles.

Ainsi soit-il.

HYMNE

A l'honneur du glorieux saint Julien.

VAillant soldat de Jésus-Christ,
  Vous avez gagné la victoire ;
 Enfin votre nom est écrit
 Dans les registres de la gloire :
 Pour vous il n'est plus de combats,
Les tyrans sont défaits, leur orgueil est à bas.

  Ces formidables majestés,
 Ces étonnans foudres de guerre,
 Ces rois qu'on a tant redoutés
 Ne paroissent plus sur la terre ;
 L'éclat de leur pourpre est passé,
Et leur sceptre fragile en tombant s'est cassé.

  Le fer, le feu, ni les carreaux,
 N'attaquent plus votre innocence ;
 Contre vous la main des bourreaux
 Est inutile et sans puissance ;
 Vous êtes vainqueur de la mort,
L'orage est abattu, votre nef est au port.

  Grand saint, dans ce charmant bonheur
 Où vous a conduit le martyre,
 Jetez un regard de faveur
 Sur ceux qui goûtent votre empire :
 Soyez ici notre tuteur,
Et dans le ciel notre puissant protecteur.

℣. Que votre foi est grande, ô bienheureux Julien
℟. Priez pour nous, afin que nous soyons dignes de
promesses de Jésus-Christ.

ORAISON.

GRand Saint, que Dieu nous a donné pour patron,
  Demandez-lui qu'il nous fasse la grâce,
 Qu'ayant porté sur la terre votre Nom,
 Nous obtenions près de vous une place.

PRIERE

QUE L'ON DOIT DIRE A L'EGLISE

PENDANT LA NEUVAINE

DE SAINT JULIEN.

Quiconque ne sait pas lire, dira dix Pater, dix Ave et dix Gloria Patri à son honneur, pour obtenir de lui son intercession auprès de Dieu.

PREMIER JOUR.

GRand saint Julien, vous qui, depuis votre mort, avez fait un si grand nombre de miracles, et qui obtenez encore chaque jour toutes sortes de faveurs à ceux qui vous invoquent, daignez intercéder pour moi. Obtenez-moi (*il faut ici désigner la grâce qu'on demande pendant la neuvaine*). Mais si ce que je demande n'est pas le plus avantageux pour la gloire de Dieu et à mon salut éternel, redressez ma demande. Obtenez-moi, de plus, la grâce d'une sincère conversion, le don de la prière, l'union intime avec Dieu, un ardent amour pour lui, une parfaite charité pour le prochain, la douceur et l'humilité, la patience, la pureté, l'amour des croix, enfin, la grâce d'une sainte mort. Obtenez-moi toutes ces choses, mon glorieux protecteur. Je vous en conjure par l'amour très-embrâsé que vous avez eu pour Dieu, par la dévotion tendre que vous avez eue envers les sacrées plaies du Fils de Dieu, et envers sa très-sainte Mère.

Ainsi soit-il.

II. JOUR.

O Très-Sainte Trinité, Père, Fils et St.-Esprit, ô mon Dieu! par l'amour infini que vous avez eu pour votre très-fidèle serviteur saint Julien, lequel vous avez comblé de grâce durant sa vie, et que vous honorez même après sa mort par une multitude innombrable de miracles, accordez-moi ce que je demande dans cette neuvaine, si c'est pour votre plus grande gloire et pour le salut de mon âme. Accordez-moi, outre cela, toutes les autres choses que je viens de vous demander par l'entremise de ce grand Saint, et qui peuvent me rendre plus agréable à vos yeux, et me mettre en état de vous donner plus de gloire durant tous les siècles. Je vous en conjure par l'amour embrâsé qu'il eut pour vous, par toutes les grandes choses qu'il a faites ou endurées pour vous faire connoître jusqu'aux extrémités de la terre. Ainsi soit-il.

III. JOUR.

Pour obtenir de Dieu l'humilité.

G Rand Saint, qui, par votre humilité profonde, avez mérité d'être si fort élevé dans le Ciel et sur la terre, je vous supplie de m'obtenir la force et le courage de dompter ce malheureux esprit d'orgueil qui règne dans moi. Obtenez-moi la grâce d'entrer dans les sentimens que doit m'inspirer ma bassesse, afin que je conserve, durant le cours de cette vie, le précieux trésor de l'humilité chrétienne, et que j'aie part dans l'autre à l'élévation promise à ceux qui auront été humbles de cœur ici-bas. Ainsi soit-il.

IV. JOUR.

O Dieu! qui avez voulu faire entrer dans le sein de votre Église, cette ville et celles des environs, par les miracles du bienheureux saint Julien, faites-nous la grâce d'imiter les vertus de celui dont nous révérons la gloire et les mérites. Nous vous le demandons par notre Seigneur Jésus-Christ, votre Fils, qui vit et règne avec vous et avec le St.-Esprit, un seul Dieu, durant tous les siècles. Ainsi soit-il.

V. JOUR.

A Saint Julien, pour obtenir une bonne mort.

SAint Patron de Brioude, qui avez guéri tant de malades, avez obtenu à tant de personnes la grâce d'une bonne mort, qui, enfin, au milieu de tous vos tourmens, mourûtes en invoquant les doux noms de JÉSUS et de MARIE, assistez-nous de vos puissantes intercessions dans nos maladies, et surtout au temps de notre agonie et au moment de notre mort, afin que, mourant comme vous dans la grâce de Dieu, nous puissions avec vous l'aller aimer, louer et exalter éternellement dans la gloire. Ainsi soit-il.

VI. JOUR.

OBtenez-moi, grand Saint, un peu de cette ardeur que vous aviez pour faire du bien à votre prochain, afin qu'à votre imitation je sois insensible aux maux de mes frères, et que je me porte à les soulager selon toute l'étendue de mes forces.

Ainsi soit-il.

VII. JOUR.

De la Messe.

GRand Dieu, qui, par les miracles de saint Julien, avez fait entrer dans le sein de votre Eglise la noblesse de cette ville, faites qu'avec le secours de votre grâce, nous imitions les vertus de celui dont nous révérons aujourd'hui les mérites. Nous vous en conjurons par notre Seigneur Jésus-Christ, votre cher Fils, qui vit et règne avec vous dans l'unité du Saint-Esprit, durant tous les siècles. Ainsi soit-il.

Ici il faut dire trois Pater *et trois* Ave Maria.

VIII. JOUR.

O Dieu éternel, Créateur de toutes choses, souvenez-vous que les âmes des infidèles sont l'ouvrage de vos mains, et que c'est à votre ressemblance qu'elles ont été crées. Voilà, Seigeur, que l'enfer s'en remplit à la honte de votre nom. Souvenez-vous que Jésus votre Fils a souffert pour leur salut une mort très-cruelle, et ne permettez plus, je vous prie, qu'il soit méprisé des idolâtres. Laissez-vous fléchir par les prières de l'Eglise, sa sainte Epouse. Oubliez, Seigneur, leurs infidélités, et faites en sorte qu'ils reconnoissent pour leur Dieu notre Seigneur Jésus-Christ, que vous avez envoyé au monde, et qui est notre salut, notre vie notre résurrection, par lequel nous avons été déli vrés des enfers, et à qui soit la gloire durant tou les siècles. Ainsi soit-il.

IX. JOUR.

Pour obtenir de Dieu la pureté de corps et d'âme.

JE vous conjure, mon saint protecteur, de m'obtenir de la divine bonté deux vertus dont j'ai un extrême besoin pour faire mon salut. Demandez pour moi une pureté de corps si parfaite, que je ne pense et ne dise jamais rien qui puisse rendre mon âme moins agréable aux yeux très-purs de mon Dieu. Mais obtenez-moi aussi une intention pure et désintéressée, qui me fasse chercher uniquement dans toutes mes actions la gloire de mon Créateur.

Æternum trinumque Deum laudemus et unum,
  Qui sibi Julianum transvexit ad aethera
sanctum.

FIN.